Ménage à trois

Paula Taitelbaum

Ménage à trois

Claudinha, eu te aaaaaaamo! Nem todas as minhas palavras seriam capazes de expressar esse amor!
Beijos da Paula T.
30/10/06

www.lpm.com.br
L&PM POCKET

Coleção **L&PM** Pocket, vol. 564

Capa: Fernanda Marth
Revisão: Jó Saldanha

ISBN: 85.254.1637-1

T129m Taitelbaum, Paula, 1969-
Ménage à trois / Paula Taitelbaum. – Porto Alegre : L&PM, 2006.
240 p. ; 18 cm. – (Coleção L&PM Pocket)

1.Literatura brasileira-poesias. I.Título. II.Série.

CDU 821.134.3(81)-1

Catalogação elaborada por Izabel A. Merlo, CRB 10/329.

Porto Alegre: Rua Comendador Coruja 314, loja 9 - 90220-180
Floresta - RS / Fone: 51.3225.5777
Pedidos & Depto. comercial: vendas@lpm.com.br
Fale conosco: info@lpm.com.br
www.lpm.com.br

Impresso no Brasil
Primavera de 2006

Entrando no Ménage

Os três estão deitados juntos, formando um único corpo. Uma só estrutura viva que se expõe para todo e qualquer voyeur. Mas não se iluda. Apesar de estarem sobre o mesmo lençol, apesar de um olhar desatento não perceber onde começam os braços e terminam as pernas, apesar disso, cada um deles não perdeu – e nem jamais perderá – sua identidade. Nascidos em momentos diferentes, os três carregam a carga de sua própria personalidade. *Eu Versos Eu*, lançado em 1998, é o mais velho e ao mesmo tempo o mais juvenil deles, o que me desvirginou editorialmente e me levou da gaveta para a vitrine. *Sem Vergonha*, que veio no ano seguinte, marcou minha entrada na L&PM e, como uma espécie de irmão do meio, lutou para chamar atenção. *Mundo da Lua*, de 2002, lançado depois de eu ter me descoberto como mãe – e conseqüentemente como mulher –, explicitou o erotismo e desnudou poemas mais longos. E agora esses três livros concebidos dentro do mesmo útero se unem num triângulo amoroso incestuoso. Nessa orgia que traz também o elemento surpresa: sete olhares inesperados e inéditos revelados no finalzinho desse ménage. São poemas inéditos que chamei de (Des)Conhecidos. É relaxar e gozar de tudo.

Paula Taitelbaum, inverno de 2006

Sumário

Eu Versos Eu / 9

Sem Vergonha / 75

Mundo da Lua / 149

(Des)Conhecidos / 223

EU VERSOS EU

1.

Minhas palavras
São como minhas roupas
Boto todas pra fora
Experimento
Invento
Deixo jogadas
Amontoadas
Sujas
Mudas
Sobre mim.

2.

Sou de poucos amigos
Grandes partidas
Partes rompidas
Sou de não falar demais
Despedidas no cais
Sou cor lilás
Sou feita de névoas
Nódulos e néctares
Sou de aparecer de repente
De repetir sentimentos
Forçar certos momentos
Sou do tamanho de mim
Molécula carmim
Malévola no fim.

3.

Eu deixo de ser criança
Como um cego que à rua se lança
E que sem conhecer o caminho
Acaba ali parado sozinho
À espera de alguém
Qualquer pessoa
Não se sabe quem.

4.

Nada melhor do que uma paixão platônica
Pra exercitar a imaginação
E me deixar assim irônica.

5.

Quero tanto mais que tenho
Quero não ser um desenho
Ser mais que um risco
Mais que um riso
Quero encher os braços
Te dar mil abraços
Quero tanto tanto ter
Ter mais para contar
Mais para te dar
Não ser tão exigente
Quero um dia virar gente
Quero poder aliviar as dores
Dormir entre dois amores
Quero mais e ainda mais ter
Quero um dia poder
Não ter tanto pra querer.

6.

Se eu pudesse
Te ligaria
Te diria
Te pediria
Te contaria
Te faria
Meu.

7.

Minhas mãos vasculham
Prazeres contidos
Desejos, libidos.

8.

Nosso filme foi projetado em mim
Teve início, teve meio
Pena que também teve fim.

9.

É um sentimento
Ou uma vontade de sentir
Que eu sinto neste momento?

10.

Se o cérebro ficasse na língua
Minhas palavras não morreriam à míngua.

11.

Fecho os olhos
Abro a alma
Calma
Cálida
Cândida
Cômoda
Me solto
Não volto
Me envolvo
Lampejo
Não vejo
Viajo
No beijo.

12.

Corria pra não me alcançar
Corria sem nunca chegar
Corria fugindo de qualquer pensamento
Corria sempre a favor do vento
Corria apenas por correr
Corria do tempo que me faria crescer.

13.

Coragem, mulher
Tu não tens nada a perder
Coragem, mulher
Ele não vai te morder.

14.

Não chora...
Por que esse medo agora?
Por que a essa hora?
Medo que ele vá embora?
Medo de jogar tudo fora?
Por que isso agora?
Pára, não chora...

15.

Na minha noite de Cinderela
Confirmei a ladainha
Depois da meia-noite
Tudo virou abobrinha.

16.

Notas de uma balada
Balas no peito em dor
Sombras no corredor
Miragens
Mensagens
Bobagens
Viagens
De um amador.

17.

Apesar do olho no olho
Mais uma vez eu fiquei de molho.

18.

Não posso
Mas desejo
Não devo
Mas vejo
Não quero
Mas ponho
Não faço
Mas sonho.

19.

Minha alma está nua
Minha mente na lua
Meu corpo na rua
Minha vida na tua.

20.

Gravidez
Grave
Embriaguez.

21.

A peça foi perfeitamente encenada
Apesar disso
Não ouço os aplausos
Não ouço nada.

22.

Em nome do pai
Do filho
E do Espírito Santo
Hímen.

23.

Acreditei
No que vi
No que senti
No que vivi
Acreditei
Em ti.

24.

Quando senti pela primeira vez a meleca
Disse eca
Parece clara de ovo
Faz de novo?

25.

Nunca acredite em palavras
Palavras são armas sem força
Palavras são frágeis como louça
Palavras nem sempre são lembradas
Palavras são mentiras disfarçadas.

26.

Nunca estive tão tonta
Nunca gastei tanta tinta
Nunca me senti assim toda
Nunca te quis tanto.

27.

Aqui estou
Aqui sou
Só eu
Mesma
Na mesa
Descartada
Da jogada
Num blefe
De mestre.

28.

Face
Adulta
Adúltera
Faminta
Lasciva
Nociva
Noctívaga
Que vaga
Perdida
Dentro de mim.

29.

Quantas paixões valem um suspiro?
Quantas alergias um espirro?
Quanto vale o seu corpo na esquina?
Será que o mesmo que a minha vagina?
Quem dá preço aos sentimentos?
Quem diz quanto custa um momento?
Quem valoriza a nossa vida?
Aquele que nos chama de querida?

30.

Não sei onde procurar
Por isso procuro no mesmo lugar
Vasculho as mesmas gavetas
Escrevo com as mesmas letras
E me contento em vão
Com os mesmos rostos sem expressão.

31.

Primeiro fui menina, guria
Depois moça e agora tia
Daqui a pouco, sem demora
Tô sentindo
Vão me chamar de senhora.

32.

Repara
Repara a espera
À espreita
Repara
Vê como fere
Sente que adere
Repara
Que berra
Que serra
Que corta
Que é torta
A espera
Repara
Que esperta
Tem esporas
E esporros
E espirros
A espera
Repara
E responde
Sem parar
Por quanto tempo
Ainda terei que esperar?

33.

Não era todo músculo
Tão pouco todo místico
Mas veio em fascículos
Revelando aos poucos
Seus sussurros roucos
Seus desejos loucos
Sua beleza crônica
Sua consciência tônica
Não era todo músculo
Tão pouco todo místico
Era maiúsculo.

34.

Cara metade...
Aquela pessoa que nos deixa
permanentemente divididos.

35.

Meu amigo,
Por que sinto tua falta
Até quando estás comigo?

36.

Pessoa balão
Um dia se encheu
E escapou da minha mão.

37.

No teu colo
Calo
Caio
Creio
Como
Canto
Conto
Quanto
Tempo
Tenho
Ainda.

38.

Comparo o nosso amor
A certas coisas que faço
Ao descascar batatas
Não corto fininho
Arranco os pedaços.

39.

Tenho um buraco profundo
Que me deixa ver o mundo
Me sentir por um segundo
Tenho um buraco imenso
Queimando como um incenso
Onde não cabe com senso
Tenho um buraco no peito
Que mostra cada defeito
Não me dando nenhum direito
Tenho um buraco chamando
Uma ferida sangrando
Um segredo se formando
Tenho um buraco que não é meu
Uma parte de mim que se perdeu.

40.

Jura que tudo isso é verdade?
Jura mesmo que essa é a tua vontade?
Jura de pé junto?
Ei, olha pra mim, não muda de assunto.

41.

Sinal amarelo
Nessa paixão
Não sabe se avança
Não sabe se não.

42.

Estou triste
Por isso sinto mágoa
Viro água
Me deixo escorrer
Estou triste
Por isso nada mais existe
E fico na gaiola
À espera de alpiste.

43.

Quem dera
O tempo
O vento
O homem
O hímen
Voltassem.

44.

Larga esse copo
Engole essa mágoa
Cospe essa raiva
Embriaga esse riso
Sente esse gosto
Toma essa vida
De novo
De volta
Deixa pra lá
Esse copo.

45.

Sai de mim
Essa dor infinita
Essa autopiedade maldita
Sai de mim
Paixão doentia
Vontade tardia
Sai de mim
Tudo o que me faz mal
Carência monumental.

46.

Hoje cedo
Ancorei os lampejos
Amordacei as lamúrias
Entorpeci os lamentos
Espantei as penúrias
Hoje cedo
Levantei melhor
Acordei mulher.

47.

Me embriago com a tua presença
Saio de mim sem pedir licença
Fico tonta
E por isso não me dou conta
Que talvez por covardia
Tudo não passe de fantasia.

48.

Ele me tortura em banho-maria
Coloca pouco fogo na comida fria
E eu sinto minha paciência evaporando
Indo pro espaço, vacilando.

49.

Insisto em ancorar meu desejo em ti
No teu porto
Neste corpo
Morto em ânsia
Torto em aspas
Áspero de uso
Confuso
Com frases
Feitas
Eleitas
Perfeitas
Demais
Para mim.

50.

Piloto automático ligado
Não sinto o quão gelado
Está meu corpo a teu lado.

51.

Demito minha paixão da coerência
E sem qualquer aviso prévio
Levo meu corpo à falência.

52.

Tudo bem
Eu espero
Tudo bem
Eu coopero
Tudo bem
Eu aceito
Tudo bem
Eu respeito
Tudo bem
Eu vou
Tudo bem
Eu sou
Tudo bem
Eu repito
Tudo bem
Eu admito
Tudo bem
Eu sei
Tudo bem
Eu dei
Tudo bem
Meu bem.

53.

Adivinha?
Quando pensei que o amor vinha
Quando achei que ele estava na minha
Ele veio com essa ladainha
E eu que achava que tinha
Fiquei novamente sozinha.

54.

Transbordou
Saiu pelo ladrão
Escorreu pelo chão
Nossa paixão
Derramou
Evaporou
Secou.

55.

Meu sono é fuga
Minha fuga é cega
E carrega
A carga
Amarga
Do tempo que se alarga.

56.

Ele passou noites e noites ao meu lado
Me acordou em cada dia nublado
Me fez sofrer cada minuto de ausência
Cada hora de falência
Foi meu companheiro solitário
Mesmo guardado no armário
Foi um relógio de estimação
Que eu matei jogando no chão.

57.

Levou um século
Perdi os cálculos
Comi as féculas
Flutuei em lácteas
Calculei um ciclo
Rompi as cláusulas
Ardi em pústulas
Soltei as válvulas
Invejei as vulvas
Apaguei as máculas
E depois de um século
Acordei incrédula
Rodando em círculos.

58.

Fazia tempo que eu não te via
Que eu não escrevia
Que eu não lia
Fazia tempo que eu não sentia
Essa alegria
A anestesia
Fazia tempo que eu não sorria
O mesmo tempo que eu não te via.

59.

Queria tanto falar contigo
Que agora não sei o que digo.

60.

Carrego uma resposta na bolsa
E apesar de pensar alto
Tenho medo que ela não me ouça.

61.

Nem lembras que existo
Mas eu insisto
Insisto em tentar
Tento disfarçar
Disfarço no olhar
Olho ao passar
Passo a me arrumar
Arrumo um cocar
E faço programa de índio
Só pra variar.

62.

Divagar
É preciso
Sonhar
É preciso
Viajar
É preciso
Tocar
É preciso
Falar
É preciso
Contar
É preciso
Beijar
É preciso
Voar
É preciso
Amar
É preciso
De ti.

63.

Tu me inspiras
Me transpiras
E eu transfiro
Meus desejos
Meus festejos
Para outro
Amanhã.

64.

A madrugada
Traz o desespero dos amantes solitários
Daqueles que nadam em círculos
No limite de seus aquários.

65.

Se ao menos o interfone
Desse sinal de vida
Se ao menos ele não fizesse questão
De estar sempre de saída
Talvez então
Eu me sentisse bem
E parasse de desejar
Só o que as outras têm.

66.

Ele chegou sem avisar
E entrou sem bater
Ele sentou no lugar errado
Comeu sem ser convidado
Não disse muito obrigado
E saiu sem se despedir.

67.

Bye, bye
Para o que não veio
Mas já vai.

68.

Essas pessoas
São como bilhetes rasgados
Como papéis queimados
Um dia disseram muito
Essas pessoas
Que hoje são passado.

69.

Ontem à noite
Nem todos os gatos eram pardos
Nem todos os olhares eram dardos
Nem todos os maridos eram fardos
Ontem à noite.

70.

Eras tudo o que eu sempre quis
Um verdadeiro espetáculo
Com direito a aplauso e bis.

71.

Homem sem conteúdo
É como criado-mudo
Ali parado
Ao nosso lado
Abarrotado de coisas pessoais
Mas quase sempre banais.

72.

A raiva
A reza
A reta
Segue
E carrega
Essa vida
Tão dormida
Tão dormente
E doente
De risos
E rostos
E rastros
E restos
Roubados.

73.

Estou sozinha
Entre quatro paredes
Entre quatro parentes
Entre quatro parênteses
Estou sozinha
No quarto
De quatro.

74.

Salve-me quem puder
Salvem essa mulher
Salve e coma de colher
Salve, aleluia, quem quer?

75.

Tua cultura
Tua doçura
É tontura
Que cura
A loucura
Não tortura
Me procura
Criatura.

76.

Não sei se vivo
Se escrevo um livro
Ou se me livro
Ou sobrevivo
Não sei.

77.

Faliram as regras
Perderam as rédeas
Sairam às ruas
Verdades tão cruas
Tão nuas
Tão tuas.

78.

Uma promessa não-cumprida
É como uma noite maldormida
Como uma rua sem saída
Onde uma paixão não-correspondida
Assim como uma mulher traída
Vê sua alma partida
Ser pela angústia consumida.

79.

Estou no palco
Exposta
Estática
Estúpida
Ensaiando ansiosa
O momento de entrar em cena
E assumir o fracasso
E o cansaço
Dos teus atos
Destes fatos
Que tento decorar
Sem conseguir interpretar.

80.

Lanço pedras
E de quebra
Eu te lembro
Que as sombras
Não demoram
E devoram
Toda sobra
De escombros
Encroados
Nas feridas.

81.

Tá na hora
Põe pra fora
Sem demora
Diz agora
Que me adora.

82.

Olha
É importante
Escuta
Por um instante
Pensa
Que estás distante
Lembra
Vamos adiante
Sente
Que interessante
Aprende
Eu sou mutante
Ama
É contagiante.

83.

Enquanto te faço a cobrança
Noto que a perna balança
É a impaciência que dança
O cotidiano que lança
Sua vontade de mudança
Sobre a rotina que cansa
A gente desde criança.

84.

O que me angustia
É essa rima
Vazia.

85.

Por tua causa me sinto feia
Estou trêmula, fria
Estou com defeitos
Que antes nem percebia.

86.

Ele me amarrou tão forte
Que agora, tenha dó
Não consigo desfazer esses nós
Na garganta.

87.

Já quis ter filhos
Mas gastei minhas energias
Minhas economias
Minha vontade
Minha idade.

88.

Lua e sol
Somos dois opostos
Sob o mesmo lençol.

89.

Em suma,
Somos todas duas
Em uma.

90.

Vai pra puta que te pariu!
Só que, ei, psiu!
Não esquece de voltar logo, ouviu?

91.

As diferenças são visíveis efeitos
Sonoros preconceitos
As diferenças são assustadoras
Tímidas
Repressoras
As diferenças são elos morais
Regras gerais
As diferenças são ritmos descompassados
Hipócritas pra todos os lados
As diferenças são estados de crença
E nem sempre fazem diferença.

92.

Fomos tão francos
Levamos aos trancos
Saímos aos prantos
Rimos nos cantos
Caímos dos bancos
Fingimos ser santos
Manchamos os mantos
Sofremos tanto...

93.

Eu mando você tomar banho
E lavo a alma.

94.

Não consigo colocar pra fora
Quero exorcizar, quero mandar embora
Quero que saia de qualquer maneira
Grito, vômito, choradeira
Quero tirar da alma esse sentimento
Me livrar de mim por um momento
Quero ter o vazio dos que esquecem
A paz dos que falecem
Quero ser empalhada da dor
Anestesiada, seja como for
Quero não existir
Que é pra nunca mais te sentir.

95.

"Não tô a fim"
É a minha frase de efeito
É o que carrego no peito
É o meu maior defeito
É o meu único jeito
De não fazer o que deve ser feito.

96.

Me disfarço
Me desfaço
Me faço
De louca
Pra pouca
Gente.

97.

Quebra cabeça
Me procura
Me encaixa
Quebra cabeça
Me junta
Me forma
Quebra cabeça
Me despedaça
Me guarda
Quebra cabeça
Me perde.

98.

Tens sede?
De rede?
De deitar?
Espreguiçar?
Se coçar?
Se roçar?
Cafuné?
Ou rapé?
Um amor?
Uma flor?
Liberdade?
Verdade?
Um recomeço?
Virar do avesso?
É o que desejas?
Duas cervejas?
Uma serenata?
Uma aliança de prata?
De que tens fome?
De outro homem
De outra vida?
Então boa sorte
Minha querida.

99.

Juro que sim
Ai de mim
Que aceitaria ser uma mulher à moda antiga
Desde que o meu marido cheio de amantes
Me cobrisse de diamantes.

100.

Invejava a mulher casada
Sem saber que era por ela invejada.

101.

A vida é faz-de-conta a pagar.

102.

É tão cedo
Pra ficar com medo
É tão vago
Pra deixar pago
É tão escuro
Pra subir no muro
É tão tarde
Pra fazer alarde
É tão diferente
Estar contente.

103.

Uma música penetra na minha alma
Tão calma
Me faz sorrir
Quase dormir
Me faz pensar em ti
Em tudo que eu li
Nas tuas palavras de papel
Que me esvoaçaram feito um véu
Que me atrapalharam a visão
E me encheram de ilusão.

104.

Quero colo
Quero colorir
Quero   rir
Quero   ir.

105.

Era uma vez.
Era sua   vez
Era sua   ve
Era   a   ve.

106.

Chega por hoje, filha
Folheia, enfia
Põe tuas palavras no saco
Seca tuas inspirações
Pára por hoje
Tua cabeça já está cansada
Tuas mãos estão suadas
Chega de tanta rima
Rema contra a maré
Poesias que já não ficam em pé
Nada que se sustente
Chega, te dá por contente
Vai pra casa
Coisa à toa
Tenta parar
Não insiste, encerra
Não emperra
Não empurra
Deixa de ser burra
Já disse
Chega
Pega e vai
Que coisa
Parece que atrai
Não consegue mais parar
Olha, a folha vai acabar

O silêncio vai imperar
As rimas vão esgotar
Quer parar
Não tá vendo
Vai à luta
Tá de luto
Teus poemas
Teus dilemas
Fecha a porta
Acabou.

SEM VERGONHA

1.

Abre as pernas
E fecha os olhos!

2.

Gemidos
Esquecidos
De repente
Aquecidos
Acostumam-se
Com a acolhida
E voltam à ativa.

3.

A vida é uma sucessão
De roteiros
Que feito ratoeiras
Nos prendem em rotinas.

4.

Ele é psicodélico
Feito um caleidoscópio
Girando na minha mão
Caindo e se transformando
Formando
Estrelas e cores
Que despertam mil amores
Dramático
Lógico
Elástico
Prático
Trágico
Cênico
Ele assume seus personagens
Tirando deles a máscara
Escancarando suas faces
E dando-as pra bater
Sua voz já me deu o seu timbre
E fez de mim sua cúmplice
Hoje sou sua réplica
E ele fecunda meu núcleo.

5.

O olho arde
Enquanto pisca
O olho chora
Enquanto vê
O olho busca
Enquanto brilha
O olho foge
Enquanto vive
O olho mente
Enquanto gente.

6.

Te repartir
Me deixa em pedaços.

7.

Somos incrédulos
Ateus e sós
Porém atados
Por nós
Somos nostálgicos
E nevrálgicos
Nervosos da pele
Que repele
Mas também arrepia
Somos em suma
Covardia
Sumidades do medo
E acima de tudo
Assumimos
Um segredo.

8.

Não nego água
A quem está à míngua
Não mostro a língua
A quem pede trégua
Não causo mágoa
A quem é estátua
Não ando léguas
Mas me sinto égua.

9.

Embalsamou
Meus lábios
Para que fossem só seus
Perdeu a noção do tempo
Assim como me perdeu.

10.

Esses espinhos fincados
Esses arames farpados
Esses dentes afiados
Esses que aí deitado
Mostras para mim
São todos teus?
São tuas essas armas
Essas tramas
Essa gana
Essas que aí na cama
Mostras para mim?
É teu esse pau-marfim
Esse pau de arara
Esse pau sem tara
Esses que com essa cara
Mostras para mim?
Porque se forem
Se a resposta for sim
Tudo é teu
Menos eu.

11.

Retrospectiva
Na minha vida
Disco trancado
Ré menor
Sem sol
Com dó de si
Numa canção triste
Que só ri
Pra ti.

12.

Palavra encatarrada
Eu cuspo e não diz nada.

13.

Minha geladeira
Quando está cheia
Parece que fica faceira
Oferecida
Exibida
Atirada
Com sua frieza errada
Que arrepia minha vontade
Me faz ter necessidade
De abri-la
Arrombá-la
Abortá-la
De vê-la
Novamente
Carente
Fechada
Sem nada
Sossegada
Feito santa
No seu canto.

14.

Teu sexo
Sem nexo
Desconecta
Meu contexto
Perplexa
Contesto
Inútil
Viro reflexo.

15.

Somos só nós dois
E os nossos pecados
Sem culpas
Nem culpados.

16.

Seria bom
Ser as vezes fóssil
Totalmente dócil
Inteiramente fácil
Seria bom
Não ser nada culta
E nem tão adulta
Enquanto solta
Seria bom
Ser bem desatenta
Para encher de vento
Tanto pensamento
Seria bom
Fosse pouco tempo.

17.

Apresento-lhe
Esquelética
Frenética
Atlética
Eclética
Estética
Cética
Asséptica
Hipotética
E agora que você já conhece
Pode chamar de patética.

18.

Meu peito
Pariu um tormento
Um sentimento
Que doeu por dentro
E que ainda prematuro
Cancelou seu nascimento.

19.

Coluna do meio
Na minha loteria
Empate técnico
Sem pênaltis
Ou prorrogação
Pior do que perda
Embromação.

20.

Ultimamente
Eu mais acaricio um mouse do que gente.

21.

Trabalhar sem vontade
É como envelhecer
Tentando negar a idade.

22.

Para ser comida
Virei queijo que derrete
Encontrando o omelete
Escorrendo no carpete
Pena que apressada
Esqueci de pôr o sal
Tempero, et cetera e tal
E assim, sem pegar gosto
Na bagunça da cozinha
Acabei me jantando sozinha.

23.

Um elogio
Eloqüente
É elixir
Para a mente
Alegoria
Efêmera
Feito
Fêmea
Por ser urgente.

24.

Acabei de perder uma palavra
No meio de um pensamento
Fugitiva, sumiu com o vento
Apressada, esqueceu o acento.

25.

Vermelha de vergonha
Roxa de raiva
Azul de fome
Branca de susto
Hoje só deu isso na minha cartela de cor
Talvez amanhã pinte algum amor.

26.

Sofro calada
Meu orgulho me amordaça
Me faz seguir a farsa
Me faz rir sem achar graça
Sofro calada
Porque não há nada
Que eu possa fazer.

27.

Tenho um plano
Para cada dia da semana
Para disfarçar cada engano
Cada enguiço
Preguiça
Premissa
Percalço
Que por acaso
Me assalte
Te asfalte
Feito esmalte
Que fixa
Asfixia
Durante esses sete dias
Que se repetem por covardia.

28.

Um dia
Você se dá conta
Que a paixão
Não vem pronta
Nem fica tonta
Por tanto tempo
Os modos
Mudam
Os medos
Nos fazem mudos
E o que era tudo
Torna-se agora médio
Que remédio...
Senão matar esse pavor
Com um amor
Maior que o tédio.

29.

Essa minha
Languidez
Esconde
Uma insensatez
Vontade
De ser nudez
Tipo
Nuvem
Que depois
Da chuva
Às vezes
Some
De vez.

30.

Um caralho
Caolho
Nunca está a salvo
Quando erra o alvo.

31.

Será que por trás
Desse seu olhar de marinheiro
As mulheres e crianças vêm primeiro?

32.

Não me diga que você é tão bom
Porque não vou acreditar
E porque se você disser
Com certeza vai ter que provar.

33.

Ele acabou
E eu nem comecei
Já lambeu os beiços
E eu nem jantei
Já pediu a conta
E eu nem cobrei.

34.

Relacionamentos
De toques
Nas teclas
E retoques
Nas linhas
De entrelinhas
E asteriscos
Onde expressões
São pontuações
Que não valem
Uma arroba
Um vintém
Nem arrombam
Ninguém.

35.

Lágrima na janela
É o tempo que chora
Lá fora.

36.

Queria encher uma página
Mas não tenho a mínima lógica
Apenas dedos que fogem
Entre teclas
Que se mesclam
Entre pontos
Entre vírgulas
Minha língua
Vira gárgula
E da garganta
Escoam
Palavras
Rimas lavadas
Versos que vão pra sarjeta
Perdidos nas mesmas letras
Aguados de tanto uso
Rotos de todo abuso.

37.

Por que essa vergonha
Esse embaraço?
A outra metade da sua laranja
Um dia também vira bagaço.

38.

Meu corpo é um tubo
De Colgate no fim
Que você aperta
Pra ver se ainda resta
Algo de mim.

39.

Essa saliva
Refresco lívido
Sabor alívio.

40.

Sua aliança
É uma cicatriz
No dedo anular
Uma marca
Circular
Sem lembrança
De começo
Nem fim
Nem boa
Nem ruim
É uma marca
De nascença
Sua sentença
Insensata
A mostrar
Que um oitavo
De polegada
É suficiente
Para sufocar.

41.

Volta e meia
Dou meia volta
E volto ao início
Volta e meia
Meio que volto
Meio que fico
Volta e meia
Em meio a uma volta
Eu me complico
Volta e meia
No meio da rua
Dando uma volta
Volto a ser tua.

42.

Sua armadura bélica
Protege nossas parábolas
Sua aparência árdua
Anuncia preâmbulos lúdicos
Sua fertilidade é tão fútil
Que viro fêmea retrátil
E tento quebrar seu gelo
Com minha paixão portátil.

43.

Ele tem um cheiro entranhado
Parece até odor de peito
Prestes a ser chamuscado.

44.

A melhor sobremesa?
Doces olhares a se cruzarem sobre a mesa.

45.

Esplêndido
Esse incêndio
No meu peito
Que não tem jeito
De alguém apagar.

46.

Depois de um brinde
Tim tim
Por tim tim
Entre um gole
De ficar mole
Embebedo-me de mim.

47.

Sou a platéia
Deste fracasso
E não sei o que faço
Quando ele acena
Entra em cena
E a duras penas
Pedindo meu bis
Ganha um aplauso infeliz.

48.

Estou no limite
Dos anos
Dos planos
Das rugas
Das fugas
Já passei do ponto
De ir pra mesa
De ser servida
Na sobremesa.

49.

Por trás daquela persiana
Esconde-se um insano
Insensato
Mundano
Com seus modos
Mudos
Sujos
Não vejo
Mas percebo
Que dentro daquela janela
Mora
Chora
Devora
Uma fantasia
Um alimento
Da imaginação
Que se cria
Numa tarde de tesão.

50.

Transgenital
Genitália transgênica
Com fórmula mágica
De atingir o cosmo
Com múltiplo orgasmo.

51.

Estou farta
Desta farsa
Deste fardo
Que carrego
Destes verbos
Que emprego
Neste emprego
Que me nega
E me obriga
A seguir regras
Regulando
Engolindo
Meu tempo
Por um pagamento.

52.

A voz
Que aveluda
O ouvido
Será um dia
Esquecida
Enquanto
A letra
Daquela
Folha lida
Permanecerá
Ali
Alimentando
A memória
Da vida.

53.

Esse infeliz só me vê como uma boceta
Porque no lugar de neurônios
Ele tem gametas.

54.

Meu controle é remoto
Completamente solto
Onde oscilo tonta
Entre canais diferentes
Hora bicho
Hora gente
Sou reprise
Retrospectiva
Às vezes até notícia
Sou um caso de polícia.

55.

Ensino a voar
Ensino a ousar
Ensino a sonhar
Ensino a amar
Ensino se alguém me ensinar.

56.

Um beijo
E um queijo
Logo
Sanduíche
De mim
Mordidas
Lambidas
E um guardanapo de cetim.

57.

Com licença, moço
Dá pra abrir esse troço
Que agora eu torço?

58.

Essa minha cor vermelha?
É o sangue sugado
Pela pulga atrás da orelha.

59.

Esses ombros
Carregam o mundo
Todo mundo
A toda hora
A menina
A senhora
A hora que corre
A que demora
O que deve ser pago
O que ainda é vago
As culpas
As multas
As muitas
Responsabilidades
Carregam o peso da idade
Esses ombros
Que fazem sombra
A todo mundo.

60.

Por estar tão difícil
Queria virar um míssil
Explodir em algum lugar
Bombardear
Despedaçar
Machucar
Um incompetente
Um inocente
Virar entorpecente
Começar a terceira guerra
Fugir da Terra
E me enterrar.

61.

Dinheiro traz felicidade
Isso, minha filha
Você aprende com a idade.

62.

Cúmulo
Esse ciúme
De muitas válvulas
E poucos cálculos
Cúmulo
Esse ciúme
Cheio de fórmulas
Enfeitado de pérolas
Cúmulo
Esse ciúme
A balançar em pêndulos
A derreter com plásticos
Cúmulo
Esse ciúme
Que vem no crepúsculo
E some se fálico.

63.

Essa culpa
Oculta
Tem um espaço
Um preço
Um troço
Por dentro
Corrosão lenta
Lamento
De um sentimento
Detento.

64.

A sua profissão
É um acidente de percurso
Você pegou a estrada errada
Acabou na encruzilhada
Perdeu a direção
E bateu na contramão.

65.

Espia
A espinha
Ereta
A tez
Concreta
Convertida
Em controvérsias
Espia
A inércia
Desta pele
De pêssego
Não amargo
Mas sem gosto
Espia
O rosto
Que tem um desgosto.

66.

Tenho lá meus pânicos
Meus desânimos
Meus desencontros
E descaminhos
Tenho
Não nego
Mas também
Não me apego.

67.

Quero que ele deixe de ser tatuagem
Que saia da minha pele
Que perca a imagem
Quero que deixe de ter essa cor
Mas que isso seja indolor.

68.

Minha bolsa
Guarda segredos
Medos
Modos
Moedas
Pedras
Perdas
Danos
Enganos
Planos
Contas
Cotas
Extratos
Batons
Avons
Avisos
Chaves
Chavões
Cheques
Mates
Muitos
Casos
Crises
Caos
Minha bolsa
Que guarda

Uma vida
Só peço
Querida
Que Deus
Lhe guarde.

69.

Ele tem tanta potência
Que ao você se ligar
Verá toda a sua energia
Ser gasta sem economia.

70.

Pensa
Que paro
Que parto
E repito
Pensa
Que tudo
Que foi
Escrito
Que tudo
Que foi
Escravo
Encravo
Nas tuas
Feridas.

71.

Ela me fez uma confissão
Falou da fissura
Me fez confusão.

72.

Hoje acordei oca
Feito pau podre de rio
Hoje acordei tão vazia
Valho menos do que um pio.

73.

Não uso sutiã
Não preciso de nada
Que me sustente.

74.

Vou ao pântano
E lá entôo
Meu cântico
Ensurdeço
Meus tímpanos
Tamburilo
Meus léxicos
E me devoro
Densamente
Numa autofagia
Drástica
Numa biografia
Cáustica
Que como tudo
Sempre mudo
Por medo
De cedo
Ser
O fim.

75.

Dedos gélidos
Percorrem meus pálidos
Suspiros
Separando corpo e alma
Enquanto a última se acalma
O primeiro bate palma.

76.

Eu sei que jurei
Mas não agüentei
Virei as páginas das nossas memórias
E antes de terminar
Cheguei no fim da nossa história.

77.

É com pesar
Que digo
Adeus
Lado B
Nunca mais
Virar o disco
Ou correr
O risco
De um risco
Fazer gago
E fanho
Um ídolo
Nunca mais
Aquele tamanho
Saudoso
E vil
De vinil.

78.

No lugar de padrão
Palavrão
No lugar de etiqueta
Tique e taque
No lugar de um apelido
Um apelo
No lugar daquela pele
Meu pêlo.

79.

Num amor eclipse
Forma-se uma elipse
E apenas um aparece
É um fenômeno natural
Eu diria até normal
Pois quem vive à sombra do par
Sempre acha que sem ele
O mundo vai acabar.

80.

Estou tão feliz
Que a faceirice
Brota pelo nariz
Aromatizada
Batizada
Benta
E santa
Tentando
Todo
Assunto
Querendo
Andar
Junto
Abraçar
Beijar
Falar
Procurar
Tentando
Alongar
As horas
Com medo
De querer
Ir embora.

81.

Rotas
Rotundas
Rotuladas
De profundas
Mas que são
Apenas caminhos
Insolúveis
Solenes
Soletrados
Ruas de desmembrados
Sem retas
Ou setas
Risos
Ou pisos
Rodovias
Do impossível
Sem vaca solta
Ou estrada de volta.

82.

Ele me deu
Um nome
Uma chave
Uma casa
Uma cozinha
E eu acreditei
Que alguma coisa
Era minha.

83.

Eu sou a vítima
E estou péssima
Por não ser mais a última
Por não ter mais o ritmo
Do teu vai e vem no meu íntimo.

84.

Minhas rimas
Já foram todas ditas
Minhas fitas
Já foram todas feitas
Minhas seitas
Já foram todas seguidas
Minhas vidas
Já estão todas traçadas.

85.

Não é por ter pés-de-galinha
Que eu vou ficar aqui chocando.

86.

Quero que seja cataclismático
Enigmático
De preferência prático
Quero que seja meu
Desde que não seja estático.

87.

Mais difícil
Do que enfrentar a vida
É escolher a roupa
Para uma saída.

88.

Enquanto eu pensava ser uma especiaria
A temperar sua iguaria
Ele me via apenas
Como uma reles guria.

89.

Todo dia durmo tarde
Toda tarde mato o dia
Todo mato tarda e dorme
Tudo que dorme não tarda
Toda tarde o dia acaba
Tudo que acaba é enorme
Todo enorme um dia morde
Tudo morde se é que pode.

90.

Quando eu tiver filhos
Perdoarei as falhas
Cairei com as folhas
Arrumarei as telhas
Levitarei com as bolhas
Quando eu tiver filhos
Costurarei as malhas
Abrirei os olhos
Ficarei de molho
Cozinharei os milhos
Mas isso, só quando eu tiver filhos.

91.

Femeamente
Semente
A crescer
Na minha mente
A querer
Ter outro ser
Para sempre
Internamente.

92.

Seus anos
Não cabem na mão
Mas enchem de vida
Essa vida de senão.

93.

Ela é um símbolo
De quatro letras
Multifacetas
Espanta caretas
Ela é tinta que cobre
Descobre
Desdobra-se
Abraça
E ultrapassa
Limites
E fronteiras
Ela é uma amiga sincera
Daquelas
Quem dera
Todos tivessem.

94.

Junta
Separa
Junta
Separa
Junta
Separa
Já estou me sentindo
Uma cola velha
Por mais que a gente grude
Ela não pára.

95.

Secaram minhas lágrimas
Junto com minha inspiração
Secaram minhas mucosas
E minha transpiração.

96.

Me sinto uma fronha velha
Embaixo de um sonho qualquer
Num dia ele me deixa amassada
No outro, nem lembra de nada.

97.

Já é quase outro dia
Outro número
Outro mês
E ainda não foi dessa vez
Que você virou meu freguês.

98.

Minhas mãos estão atadas
Como nós de embarcação
Minhas mãos estão vazias
Como quem perde a ilusão
Minhas mãos estão trêmulas
Como uma voz de emoção
Minhas mãos estão frias
Como meu coração.

99.

Não consegue mais entrar em mim
Sem bater
Não consegue mais me ter
Meter.

100.

Pior do que uma voz que cala
É um silêncio que fala.

101.

Se eu acreditasse em sexto sentido
Te mandaria pro quinto dos infernos.

102.

Imóveis vitrines
Refletem retinas
E seus reflexos
Complexos
Disfarçados
Em cantos
De olhares discretos
Passam
Em passos
Apressados
Fingindo
Olhar
Um preço
Um adereço
Tudo bobagem
Não vêem nada
Só a própria imagem.

103.

No silêncio na madrugada
Ouço um soluço enclausurado
E imagino o seu semblante
De encanto descompassado
Fico atenta a este intento
E nem tento tomar meu tempo
Desfio a noite
Com meu açoite
E aceito esse derramamento
De lua em fase de pensamento.

104.

Eles foram fundo
Nadando
Em odores
Mergulhando
Em suores
Batendo pernas
Pelas raias da loucura
Eles entraram de cabeça
Mas de uma forma pura
Com fôlego
Em goles
Numa desafogada paixão
Sem pé
Nem ilusão
Salva-vidas
Ou embarcação
Respirando boca a boca
Num estilo à la louca
Eles foram assim
Vitoriosos enfim.

105.

A humanidade
É um empilhamento
De corpos
Individualmente
Carentes
Olhos
Pedintes
Ouvidos
Pouco ouvintes
Braços
Que não abraçam
Mãos
Que não se entrelaçam
A humanidade
É insatisfeita
Insana
Infelizmente
Desumana.

106.

Com strass
Sem stress
Strosso
Seria melhor.

107.

Não adianta me esquentar assim
Eu nem posso levantar fervura
Que seu leite já derrama em mim.

108.

Dó
Ré
Mi
Faminta.

109.

Douro a pílula
Como quem frita uma célula
Como quem assa papoulas
Em campos de cebolas
Douro a pílula
De uma forma ridícula
Repartindo as partículas
Em particulares versículos.

110.

Aquele espelho
Foi cruel
Mostrou
Friamente
Aquilo
Que a roupa mente.

111.

Te virei do avesso
Mas não encontrei tua etiqueta
E como esqueci o preço que paguei por ti
Te devolvi.

112.

É foda
Ter que estar
Na moda
Na roda
É foda
Ter que agradar
Se arrumar
Se maquiar
É foda
Ter que ter
Oferecer
Reconhecer
É foda
Por isso prefiro
Me foder.

113.

Meus gestos
Germinam
Palavras
Mãos
Tocando o ar
Querendo conversar
Bengalas
Para as idéias
Ideais
E ideológicas
Mãos
Tocando o ar
Como se pudessem falar.

114.

Salvem as palavras extintas
Flertes, bordões, reclames
Slacks ou brim curingas
Salvem as meninas de família
Com seus broches, berloques
Anáguas e mobílias
Salvem o relógio cuco
A escarradeira, os carpins
O flit e o anão de jardim
Salvem as avós de antigamente
Suas histórias
E seus pingentes
Salvem a despensa
O rolo de massa e o de cabelo
O colecionador de maços e o de selos
Salvem tudo que não existe mais
Porque ainda gosto de olhar pra trás.

115.

Estar desassuntada
Não me assusta
Nem se sustenta
Pois logo invento
Uma dúvida
Uma dádiva
Logo me invade
Uma virtude
Uma atitude
Pode até ser vaidade
Mas juro
Que é verdade.

116.

Meu verso
Não tem estética
Técnica
Ou métrica
Ao contrário
Tem truques
Badulaques
E ataques
É um verso
Caduco
Eunuco
Fanático
Mas tem seu valor
Por ser democrático.

117.

É o fim
The end
Se é que me entende.

MUNDO DA LUA

1.

Olho para a folha em branco
Como se fosse um lençol macio
Quero entrar nela
Como uma fêmea no cio.

2.

Nem sei de onde veio
Mas quando vi tinha meu seio
Em sua suada mão
Senti seu hálito quente
Falo e fala dormente
Como uma parte de mim
Naquela noite
Dançamos assim
Rosto colado
Sem música
Só rebolado.

3.

Meu suor cola nas tuas coxas quentes
Quero quem me dera
Nossos líquidos ligeiramente lânguidos
E me alargo em louca esfera
Entras como se fosses vento
E tento sentir no ventre o âmago de tuas veias
Vou vôo vôngole sou mole sou lenta
Sonolenta me vejo cheia
E vais e fico te fito infinito faminta
Sou tinta fora da tela
Teu suor cola nas minhas coxas quentes
Enquanto suspiras saciado por elas.

4.

Há pessoas que doem enquanto doam
Que reservam suas entranhas a estranhos
Na esperança de preencher
Há pessoas que se fecham enquanto abrem
Que fingem pela pressa do querer
Eu não
Se for para ser assim, que eu seja cobaia de mim
A permitir que as minhas mãos autofágicas
Tornem-se, num passe de mágica,
Pura fantasia
Fantasmas
Na cama vazia.

5.

Deixe a porra sair do ferro feito espirro
permita um esparro berro murro na farra me
empurre me acorrente me corroa por dentro
encerre com sarro e cigarro depois me corra
me varra me enterre enfim, me ferre.

6.

Num clic
Viro clichê
Clitorianamente
Dependente
De você.

7.

Vertigem
Medo dessa atração
De me atirar em seus braços
E acabar no chão.

8.

Esse homem é uma esquina de inverno
duro como um cotovelo
pronto para levá-las ao inferno
quando ele passa as putas fazem graça
e lhe atiram beijos molhados
ele guarda todos no bolso
para experimentá-los mais tarde
na solidão do seu quarto
na fronteira entre a vida e a morte
ele é um homem de sorte
sabe fazer uma mulher gozar
mas desde que seu grito
não ouse lhe atrapalhar.

9.

Sopra aqui no meu ouvido que eu sou melhor do que as outras sopra um sopro de sempre sua vai sopra que eu vou à loucura sopra e supre essa carência soprando em cima da ardência.

10.

Sua boca abre-se num gemido espremido
Esperma agora engolido ela sorri maliciosa
Ele não nota se entorta espreguiça
E ela avião no meio da pista
Meio que trava meio que enguiça.

11.

No lugar de uma linha de vida, o destino reservou a mim um novelo. Sem ponta, cheio de nós, emaranhado em si mesmo. A esmo. Empurrado por dois gatos vagabundos. Pra lá e pra cá. Pra lá e pra cá. A sujeira grudando no novelo. E os pêlos. Os pêlos felinos aderindo ao meu tecido. Novelo entumescido. Pra lá e pra cá. Pra lá e pra cá.

12.

A água caindo sobre meu ombro
O único carinho que tenho
Aquela que me sorri no espelho
A vítima do meu empenho
Trancada num banheiro minúsculo
Excito todas as glândulas
E desenho na janela embaçada
O prenúncio de uma trepada.

13.

Vem feito cacho de uva
Feito pingo de chuva
Tocar minha vulva
Traz os teus bagos e gotas
Me engole num gole
Glutão que tu és
Vem num tumulto insulto
Por debaixo dos panos
Te quero insano
Mostra na gangorra da noite
O que é ter açoite
E me faz tua súdita
Vem pelas frestas do tempo
Tempestade no centro
Vou perder-me no antro
Quero o que sempre venero
A saliência e o sândalo
No meu corpo um vândalo.

14.

Sexo sexto sentido do emblema ao semblante
Prazer intuitivo carnívoro coronário
A cura e o embrionário
Com ou sem amor desde que não seja
De favor.

15.

Morna lisa Monalisa melindrosa
Me olha me alisa me analisa
Morna lisa Monalisa maliciosa
Monástica em seu museu cor-de-rosa.

16.

Os mamilos encapsulados
Gritam por trás da blusa
Os olhos abusam
Obscenos e obsecados
Eles secam tudo
Meu suor
Minha respiração
Meu disfarce
No meio da multidão
Os batimentos aceleram
E liquidificam um sêmen oculto
Não sou nada além de um vulto
Enclausurado
Por uma fêmea no cio
Por dois mamilos pontiagudos
Que alfinetam meu vazio
Suas pontas tiram meu sangue
E meu prumo
E fazem sair do rumo
O meu olhar.

17.

Ela espera que o esperma espalhe-se
entre seus pentelhos
Aguarda a água que abunda da boca
para matar sua sede de mãe
Quer qualquer um que a fecunde ainda fértil
Só pensa no tempo que se esgota gotejante
Ela pede entre incensos e velas
Se Deus é mesmo homem
Que faça Ele um filho nela.

18.

O Monte de Vênus é perto do Mundo da Lua
Você gravita por ele
Enquanto minha mente flutua.

19.

Quando seca sou dura escorregadia
quebradiça
Mas basta a água quente para que fique
grudenta movediça
Depois de limpar tudo para baixo do tapete
Escorrego pelo seu corpo como um simples
sabonete.

20.

Esses gritos que ultrapassam paredes e que feito rede se enredam em meus ouvidos não me deixam dormir. Eles entram pelos meus buracos por minhas fendas fechaduras e duros penetram rasgando meu sono. São gritos de um coito uivando ao luar. E quase me fazem gozar.

21.

Meus óculos sujo
Meu ósculo vulva
Meu óvulo oculto
Sou o culto
O vulto
O surto
Surdo
Mudo
Mutante.

22.

Essas unhas compridas coloridas de vermelho
São centelhas de uma batalha
Arranham como navalha
E equilibram o opaco do olhar
Essas unhas compridas coloridas de vermelho
Fazem dele um pouco mais mulher
Chamariz na calçada
Meretriz desbocada
Chafariz no alambrado
Essas unhas compridas coloridas de vermelho
Poderosas perfeitas e postiças
São como a boca que morde e enfeitiça.

23.

Pluma no teu travesseiro
Planta no teu viveiro
Plasma nas tuas veias
Se puder me dou inteira
Como o mar que lambe a areia
Suor urina saliva aranha
Uma artimanha em minha teia
No íntimo sou só a vítima
Uma Afrodite que se acha feia.

24.

Como esquecer a existência
Se tenho toda a essência
Que ele deixou aqui
A imagem no meu espelho
Sussurro em minha orelha
Saliva em meus talheres
Mas o pior está nos cantos
É lá que ficam os cânticos
As falhas e outras mulheres.

25.

Letras frases parágrafos
Onde fica o país das maravilhas?
Menina Coelho Rainha
Quem eu sou quem adivinha?
Sou no espelho sua imagem
E ela na minha cama
De passagem.

26.

Você já ouviu um gato trepando? A fêmea berra enquanto o macho enterra. Eles se unham, se mordem, se esfolam. Chega a doer. No ouvido.

27.

Passou por mim um arrepio
Arretado arredio e transitório
Foi embora num impulso compulsório
Correu carregando minha vontade
Deixou-me corroída de saudade
Quero novamente esse tremor
Esse frio misturado com calor
A certeza de que minha superfície
Ainda solta fogos de artifício.

28.

Deixa eu voltar a ser pequena minúscula ínfima infinitamente leve me leve de volta a esse tempo de brincadeiras brinquedos besteiras me belisque e não me deixe acordar quero voltar andar pra trás dormir no colo ouvir histórias ser levada pela mão correr pra qualquer direção ter gana de crescer todo o tempo do mundo pra viver esquecer preencher sem saber como é difícil quero voltar a ser dócil fácil tátil lúdica elétrica cantar em métrica mas totalmente sem ritmo quero rir colorir colocar colecionar chorar de dor delirar com a cor descobrir um esconderijo cabra-cega não me pega tudo vale a pena

Deixa eu voltar a ser pequena

Prometo que dessa vez trago uma mulher mais serena.

29.

Quando teu olhar cruzou o meu
E tua mão em mim se perdeu
Eu esqueci essa tal sofisticação
Virei brega de coração.

30.

Quero ser o absinto
O absorto e o absurdo
Aquilo que te abstém da censura
Quero ser o que te faz merecer
A medalha de bravura.

31.

O começo traz tropeços
Trapaças truques comparsas
Com suas máscaras e máximas
Ele é máquina de gerar clímax
É clima em cima em baixo
Kama sutra em surto surpresa
A primeira colherada da sobremesa
O primeiro delírio do pó
Sou eu
Não só.

32.

Êxtase no êmbolo da memória
Na arte pictórica
Na maldita retórica
Êxtase na evacuação diária
No alívio da cárie
No corte da relação
Êxtase na condenação
No dia do salário
Na conquista do império
Na implosão do ministério
Êxtase pra quem
Não leva a vida a sério.

33.

No princípio
Apenas uma partícula
Um sentimento ínfimo
Um capricho efêmero
No intermédio
Chegou a ser um refúgio
Que mais parecia plágio
De outro que era pretérito
Por último
Ele encontrou o meu ápice
Mostrou ser um apêndice
Extrato à base de cânfora.

34.

Nesse labirinto de sensações sem fim
Acabei me perdendo de mim.

35.

Ele abriu meu peito e implantou o que queria
Foi um corte profundo sem anestesia.

36.

Encher lingüiça
Alimenta minha preguiça.

37.

Talvez eu não seja nada além do que intocável fumaça no ar. Efêmera como a flor que murcha no altar. Talvez eu exista somente pelo tempo de uma oração. Alimentando-me de olhares famintos por atenção. Talvez, ao contrário, eu seja o perfume que fica quando o corpo se vai. O líquido preso ao copo que cai. Talvez, ainda, o vermelho da paixão. Que desbota com o tempo manchando a relação. Talvez eu me resuma ao ritmo, ao rito ou à própria oferenda. Da saia, somente a renda. Talvez, talvez, talvez. Talvez seja de tanta dúvida a própria insensatez.

38.

Ele propôs passar uma borracha sobre tudo
Mas esqueceu que nossa história
Não foi escrita com grafite
Fomos uma gigantesca graforréia grotesca
E nos entregamos sem passar nada a limpo.

39.

Nosso barco à deriva
Ele agarrado à âncora
Eu mareada
Ambos sem terra à vista
Sem rumo, sem nada.

40.

Enquanto não conseguir
Parir as palavras certas
Enquanto a contração rimada não ritmar
Eu fico aqui
Esperando
De pernas abertas
Pro ar.

41.

Quem somos nós que vivemos de desatar os nós das gargantas e juntar esperanças e procurar saídas e levantar bandeiras e adiar partidas. Quem somos nós que dizemos sim querendo dizer não e que balançamos nossas idéias quando alguém pede perdão. Quem somos nós feitas de emoções, intenções, intuições, mas que também dizemos palavrão quando não cabe uma canção. Quem somos nós que tocamos a vida, o cabelo, a pele e a ferida para tentar salvar uma relação destruída. Quem somos nós que carregamos filhos, falhas, fendas, rendas e retalhos. Que temos muitos colos, calma e paciência, mas que muitas vezes perdemos isso em busca da própria existência. Quem somos nós que desejamos mais do que carinho, comida, teto e paz. Que olhamos pra frente sem nunca deixarmos de olhar pra trás. Quem somos nós aqui, neste exato presente? Folha, galho, raiz ou semente? Quem somos nós, além de sermos gente?

42.

Percebe o que eu fiz?
Num estágio o contágio e plágio da matriz
Vírus vida vítima tudo vindo
Com força motriz
Susto surto seu suco quase raiz
Não fui mãe por um triz.

43.

Virgens imaculadas
Hoje apenas
Enclausuradas
Em um passado distante
Somos seres mutantes
Disformes doloridos
E delirantes
As meninas
Já não levam inocência na bagagem
Atravessam a rua
Sem olhar para os dois lados
E acabam atropeladas
Por uma pretensa precocidade.

44.

Esse vazio que envolve um poema
Pode ser ecológico dilema.

45.

Todo soluço quer ser solução
Toda perda, perdão.

46.

Pensar que teremos apenas uma vista na vida
E que ninguém jamais saberá como é habitar outra casa
Quem realmente mora naquelas câmaras escondidas
Como tudo se acomoda nos cômodos nunca invadidos
Onde ficam os cofres e as passagens secretas
Sei apenas que há silêncios e poeira nas frestas.

47.

Não me venha falar das guerras e catástrofes
Não quero saber das bombas e cataclismos
Temo descobrir que sou cardíaca
Ou personagem de ficção científica.

48.

Que amores são estes de fim de mundo onde ninguém tem tempo pra nada nem de dar uma relaxada na hora da trepada que amores são estes que envelhecem tão precocemente impacientes que são de si mesmos tão indefesos que não se suportam nem se importam com a manutenção do tesão e onde as intenções são tão rasas que paixões não têm asas nem os sussurros ficam em casa que amores são estes tão egoístas consumistas e chantagistas sem chance de beijos na chuva ou cachos de uva que despedem-se sem saudades e escondem a idade só por vaidade que amores são estes que fazem tantos filhos mas deixam tantas falhas fazendo o que der na telha chamando ela de pentelha e ele de meu velho que amores são estes que mentem o salário machucam o ovário chamam de otário aquele que não tem dinheiro pro veraneio e onde a televisão é a maior comunicação e fonte de inspiração que amores são estes que dividem as contas do condomínio mas que não têm a mínima vontade de prestar contas e muito menos se dão conta de como é bom ter um amor que amores são estes de desinteresses e desempregados com flores de obrigação e gestos de perdão culpados pelo estado que chegam as coisas que amores são estes tão virtuais com toques nas teclas e retoques nas linhas onde olho no olho é um simples detalhe e internet é o novo boquete daqueles que querem prazer no ato que amores são estes que irritam-se fácil e facilitam as coisas só para os que estão de fora e que demoram para gozar e perceber que é preciso oferecer e perder e ouvir e permitir e facilitar e aceitar que amores são estes que gritam nas horas erradas que roubam a cena em uma noitada que transam sem preservativo para mostrar que são ativos que amores são estes do século mal passado mas que comemos só porque muitas vezes é só o que conhecemos?

49.

Tento mudar o estilo num estalo tento e resvalo respingo resmungo me entalo tento mudar a forma o fardo a farda e as falas tento e me calo me entorto me corto tento mudar a visão a emoção a perdição tento e não há perdão tento então mudar o que prego mas me cego me apego ao estilo meu ego.

50.

Climatério
Deixe pra lá
Esse clima
De cemitério.

51.

Hoje roí todas as unhas
Quero menos eu em mim.

52.

Por que essa falta de ar se há tanto vento entrando em mim? Por que esse maldito medo de ser tão cedo o meu fim? Há tanto trabalho por nada. Tanto nada a não fazer. Tanto tanto faz tanto fez. Infeliz de quem é rês nesse matadouro burguês.

53.

Não tente achar entre os versos
Um verbo de onde vertam conselhos
Não tente encontrar entre as letras
Fagulhas do teu espelho
Cada um que descubra a chave
Da sua própria cadeia.

54.

Horizontal horizonte fatal onde deito minhas palavras e me perco no casual onde me caso ao acaso morro peço socorro e suporto o abandono horizontal fetal letal que contorna os meus vértices preenche minhas páginas e me faz temporal.

55.

Balzaca vaca és caco à cata de um cataclismo um prisma a dispersar a luz és ferida prurido e pus pusilânime vexame um enxame enxaqueca exu és o espinho o descaminho o descaso e o desalinho és a outra que mora aqui e que outro dia vi saindo de minhas vísceras.

56.

Minha querida
Pra que repuxar tanto
Pra que todo esse botox?
Vão-se as rugas e o sorriso
Vem outro espelho
Ainda mais feroz.

57.

Dois corpos distantes na penumbra. Suas sombras vão na frente e se fundem. Penetram, perturbam, passam a pertencer uma à outra. Surgem pessoas, passos, espaços. Novamente duas temendo a total escuridão. Tetricamente nuas a se arrastarem pelo chão.

58.

Poemas e pecados. É disso que nos alimentamos no limbo da Terra. Do que sacia a vontade que a Igreja enterra. Pra gente como nós, todo verso é um grito, todo pecado, um rito. É a passagem e a busca da margem. O que dá aos antropófagos coragem.

59.

Essa tensão é como a primeira pedra prestes a rolar da montanha a rachadura na geleira uma goteira tamanha um fio gasto a sustentar a criança os pés que já não suportam a dança é como se fôssemos feitos de pó esperando um sopro é para sempre o mundo sobre nossas cabeças o breu total antes que anoiteça.

60.

Medo de secar
De enxergar meus veios
Rachar meus seios
Nunca mais vazar
Medo de secar
De não matar mais sedes
Criar paredes
E me fechar.

61.

A melancolia mel da agonia em ti tão antagônica tão anacrônica vicia
Seu mal me acaricia me acalenta marcha lenta me toma me tenta
E aqui paralisada totalmente escravizada sinto que sou demente
Mórbida dependente.

62.

Somos tão frágeis e tão frígidos em relação à morte somos sem a sorte de escolher sem o poder de curar sem o milagre de ressuscitar somos peças de um tabuleiro que a qualquer momento pode cair somos paredes prestes a ruir e o medo do fim a se parir.

63.

As lágrimas estão presas represadas na garganta engolidas na janta em falso riso em pouca reza nessas pequenas preces prestes a transbordar e abordar outros olhos alhos bugalhos caralhos as lágrimas um dia caem como orvalho e falham e falam e calam de novo.

64.

Ando melancólica bucólica bucomaxifacial ando artificial com artifícios e artimanhas ando feito uma aranha venenosa raivosa carnívora ando meio víbora ventríloqua louca ando fechando a boca mas mostrando os dentes acho que ando esquecendo que sou gente.

65.

Esse enterro desenterrou lembranças paixões
perdições mexeu com carnes córneas e crenças
esse enterro enterrou a indiferença.

66.

Seus glúteos
De glúten
São aglutinados
De glória
Já os meus
Graças a Deus
Têm em cada marca
Uma história.

67.

Se não te procuro é porque existe um muro
crescendo entre minhas mãos
Existe a falta de chão um vão perdão perdão
perdão
Se não nos falamos mais é porque sou
medrosa demais preguiçosa demais culpada
demais
Se não nos vemos talvez seja porque
pertencemos a outros mundos fundos
imundos oriundos de outras eras
Se não cruzamos nossas esferas ou não
entrelaçamos nossos sentidos nem por isso
não sentimos partimos parimos as mesmas
quimeras
Se nossos olhos já não focam as mesmas
imagens nem por isso deixamos de amar as
mesmas paisagens países viagens
Se não te procuro é porque criei um furo
que esvazia minha vontade
Mas de que adianta fazer alarde se é tarde é
tarde é tarde.

68.

Somos água e terra e ar e temos em nossos mares, rochedos pedras dos segredos, mármore frio e duro, brancura a estancar a espuma, a permitir que a bruma solte nossa fúria e nos envolva de breu, derramando cada eu
que há em nós.

69.

Não aceito as mortes os acidentes as falências e nem as flatulências. Não aceito o que não posso controlar. A falta de ar. A falta de lugar. A falta de um lar. Não aceito. E nunca vou aceitar.

70.

Vejo os bombardeios que atacam devaneios vejo as dívidas nossas de cada dia a covardia o Corcovado o coroado vejo a fúria a fartura e o infortúnio vejo sorrisos inocentes e o suor dos indecentes vejo os acidentes os sinais as sirenes pertinentes vejo os medos que são mudos que são muitos que são mulas a carregar nossos dias vejo as coxias as coxas e as coxilhas vejo multidões mutilações as milhares de ações e demissões vejo os analfabetos os anais os anões e os corretos vejo o que é incompleto e o que é incompetente vejo vertentes vertigens o Oriente incandescente vejo e volto às origens vendo tudo com esses olhos de contar olhos que a terra há de comer e arrotar.

71.

Cai na casa caiada nas coxas coitada o haxixe no chão
Cai em concha encaixada na caixa encostada faxina e caixão
Cai feito raio haikai palavra de pai bofe e bofetão
Cai como um tronco cortado triunfo frustrado das tripas traição
Cai supetão
Cai e se esvai
Cai que não resta calibre na alma que vai.

72.

Quando ela enruga a testa
Deixa que vejam as frestas
Que existem em sua existência
Quando séria é saliência
O sal o céu e o sol
Mas todos em sua falência
Posso ver o sofrimento
O sufoco e a tormenta
Nas rugas de sua testa
No disfarce das arestas
Na sua distância e pressa
Nessa fuga muda
Que aos poucos me desinteressa.

73.

Emaranhado de lembranças
Fio tenso e tênue da memória
Confundo-me em minha própria trama
Onde está a ponta da minha história?

74.

Por favor
não vá embora por favor minha senhora por favor ele te adora por favor não chora por favor vê se decora por favor a filha implora por favor essa demora por favor está na hora por favor me deixe fora por favor pare
Agora.

75.

Ela se mexe dentro de mim como parte do meu ser do meu eu do meu céu. Ela tem e vem das entranhas é estranho meu extrato um contato sem tato e nem olhar. Ela é parte de mim meu começo sem fim meu pingo de gente quente diferente e igual. Ela sente meus pulsos meus impulsos meus impasses e imperfeições. Ela repara e é rara e é Clara e é minha.

76.

Você dentro de mim,
Eu sempre em você
Assim espero
E venero
E quero que o tempo passe
Com pressa
Para nos vermos
Nos tocarmos
Nos descobrirmos
Parentes.

77.

Tenho esquecido
Os compromissos
As compressas
E os caprichos
Tenho sido submissa
Noviça de uma nova religião
Tenho rezado no silêncio do colchão
E rasgado meu sono
Meu silêncio
Minhas saliências
Tenho tido mais paciência
E mais medo
E vontade de deitar mais cedo
Tenho tido menos tesão
Menos tempo pra diversão
Mas em compensação
Descobri a capacidade
De sentir a eternidade.

78.

Até meus lapsos andam inaptos sem impacto
quase lácteos
Sinto falta da ruptura e do que não é
asséptico
Disfarço fingindo ser péptica técnica apta a
optar por um pacto
Desejo do desconhecido um rapto.

79.

Ouço minha casa estalando sem que
ninguém se mexa dentro dela.
Desde que aqui passou a habitar uma criança
Ela parece mais viva.

80.

O poema como uma ecografia
Você não visualiza vida
Eu sinto toda a magia.

(DES)CONHECIDOS

1.

Numa noite ventosa e visceral
Ele avista a mulher sozinha sobre a ponte
Ela está com as duas mãos sobre a fronte
E suas lágrimas caem sobre o canal
Ela não passa de uma mulher banal
Perdida de amor em Veneza
Suas canelas mais parecem pés de mesa
Mas de alguma forma isso o atrai
Sua mão pesada vai – e torna-se leve
Pousa sobre o ombro dela
Como um floco de neve
Há gotas invisíveis
Formando uma cortina azulada
Quando ela o fita sem dizer nada.

2.

A madrugada é fria como um morto
E ela procura alguém para aquecer seu corpo
Caminha encostada num muro
E imagina um pau quente e duro
Não sente o que a espera na próxima esquina
Nem sabe quem aguarda a sua vagina
Mal imagina que será a última vítima
De alguém que tamborila os dedos
Fora de ritmo.

3.

Em cima do telhado os gatos trepam.
Na sala ela aguarda um toque trépido.
Há pressão em sua bexiga
e um soco de boxeador em seu estômago.
Há um bocado de coisas a serem feitas:
um prato feito esperando para ser comido,
uma cama estreita espreitando
a madrugada carcomida.
O corpo magro se encolhe.
Inspira o próprio silêncio e instala na sala
um suspiro amorfo.
Ar pesado como os membros de um morto.
Ela tem certeza de que o mundo não passa
de um espalhamento de esperas.
O mundo é uma roda desfocada,
onde um bando de idiotas aguarda
o atirador de facas cego em seu sublime
ato sádico.
O telefone toca.
Denso, tenso, dispara o coração feito bala
que sai do tambor e passa pelo cano.
Ela sabe que entrou pelo cano.
Sua vida é uma soma de movimentos obtusos.
Uma seqüência de pensamentos
obscenos e confusos.
Não importa.

Pelo menos existe vida exalando
por todos os poros.
Existem delírios escorrendo pelas pernas
entre gemidos aveludados e beijos de avelã.
A escada recebe os passos velozes.
Na rua, o vento remexe os cabelos
cor de cobre,
lambe cada fio como se fossem fios-de-ovos
degustados num manjar aéreo.
Ela sente-se etérea.
Todos os fantasmas prestes a virar fantasia.
Façam suas apostas.
Quanto ainda suportará esconder-se
atrás da porta?
Quanto tempo até cansar de ser
válvula de escape?
Dentro do carro escorrem salivas em macaréu.
Gostos gastos que vazam aliviados
como a água que escapa da barragem.
E lá se vão os dois perdidos de si mesmos
percorrendo a vida a esmo.
Ela sorri para o homem que a come.
Esse cara sem nome que engole sua alma
até colocá-la em coma.
Esse estranho que faz parte de cada um
dos seus planos.
No cruzamento da rua seus olhares se cruzam
com outros olhos alheios e profundos.

Triângulo das Bermudas atraindo
para o fundo.
No fundo, ela só quer provar que é capaz
da sedução mais sórdida.
Quer mais um corpo no vazio
do seu vício intravenoso corrosivo da porra.
Em cima da cama estreita, os gatos trepam.
Entre um homem trânsito
e um travesti tráfico,
uma garota só deseja provar que é intrépida.

4.

Sozinha em sua cela
Ela abraça sombras
E engole soluços
Quer afogar-se no fundo
Da sua história
Quer aconchegar-se
Em algum ponto perdido
Da sua memória
Deseja ardentemente
Perder-se destes
Pensamentos pulsantes
Que fazem subir seu sangue
Até doerem as têmporas
Ela está triste e tem câimbras
Ela tem ânsia de vômito
E espasmos múltiplos
Poderia ser um vírus
Mas é apenas a falta dele.

5.

Ela pega a bolsa, ajeita a blusa e vai
Vai correndo pela rua feito um trem
Sem olhar para nada nem ninguém
Sem freio vai enfrentando o atrito do ar
Vai sem conseguir nem ao menos respirar
Ela só pensa em alcançar aqueles braços
Percorrer com a língua todos os seus traços
Vai correndo porque quer penetrar
Em outra pele
Falecer num gozo que a revele.

6.

Só o que ela quer é sentir seu senhor
A agarrando por trás
E enfiando bem fundo como sempre faz
Só o que ela quer é apanhar sem saber porquê
E, enxotada, ir aninhar-se no parquê
Só o que ela quer é pensar que seu dono a ama
E ter a ilusão de que será dona da cama.

7.

Com as coxas agora frouxas
Eles vão pelas ruas quase desertas
São dois desertores
Dois prisioneiros de seus amores
E farejam nas sarjetas
Uma clandestina boceta.

Coleção L&PM POCKET

1.**Catálogo geral da Coleção**
2.**Poesias** – Fernando Pessoa
3.**O livro dos sonetos** – org. Sergio Faraco
4.**Hamlet** – Shakespeare / trad. Millôr
5.**Isadora, frag. autobiográficos** – Isadora Duncan
6.**Histórias sicilianas** – G. Lampedusa
7.**O relato de Arthur Gordon Pym** – Edgar A. Poe
8.**A mulher mais linda da cidade** – Bukowski
9.**O fim de Montezuma** – Hernan Cortez
10.**A ninfomania** – D. T. Bienville
11.**As aventuras de Robinson Crusoé** – D. Defoe
12.**Histórias de amor** – A. Bioy Casares
13.**Armadilha mortal** – Roberto Arlt
14.**Contos de fantasmas** – Daniel Defoe
15.**Os pintores cubistas** – G. Apollinaire
16.**A morte de Ivan Ilitch** – L.Tolstoi
17.**A desobediência civil** – D. H. Thoreau
18.**Liberdade, liberdade** – F. Rangel e M. Fernandes
19.**Cem sonetos de amor** – Pablo Neruda
20.**Mulheres** – Eduardo Galeano
21.**Cartas a Théo** – Van Gogh
22.**Don Juan** – Molière / Trad. Millôr Fernandes
24.**Horla** – Guy de Maupassant
25.**O caso de Charles Dexter Ward** – Lovecraft
26.**Vathek** – William Beckford
27.**Hai-Kais** – Millôr Fernandes
28.**Adeus, minha adorada** – Raymond Chandler
29.**Cartas portuguesas** – Mariana Alcoforado
30.**A mensageira das violetas** – Florbela Espanca
31.**Espumas flutuantes** – Castro Alves
32.**Dom Casmurro** – Machado de Assis
34.**Alves & Cia.** – Eça de Queiroz
35.**Uma temporada no inferno** – A. Rimbaud
36.**A corresp. de Fradique Mendes** – Eça de Queiroz
38.**Antologia poética** – Olavo Bilac
39.**Rei Lear – Shakespeare**
40.**Memórias póstumas de Brás Cubas** – M. de Assis
41.**Que loucura!** – Woody Allen
42.**O duelo** – Casanova
44.**Gentidades** – Darcy Ribeiro
45.**Mem. de um Sarg. de Milícias** – M. A. de Almeida
46.**Os escravos** – Castro Alves
47.**O desejo pego pelo rabo** – Pablo Picasso
48.**Os inimigos** – Máximo Gorki
49.**O colar de veludo** – Alexandre Dumas
50.**Livro dos bichos** – Vários
51.**Quincas Borba** – Machado de Assis
53.**O exército de um homem só** – Moacyr Scliar
54.**Frankenstein** – Mary Shelley
55.**Dom Segundo Sombra** – Ricardo Güiraldes
56.**De vagões e vagabundos** – Jack London
57.**O homem bicentenário** – Isaac Asimov
58.**A viuvinha** – José de Alencar
59.**Livro das cortesãs** – org. de Sergio Faraco
60.**Últimos poemas** – Pablo Neruda
61.**A moreninha** – Joaquim Manuel de Macedo
62.**Cinco minutos** – José de Alencar
63.**Saber envelhecer e a amizade** – Cícero
64.**Enquanto a noite não chega** – J. Guimarães
65.**Tufão** – Joseph Conrad
66.**Aurélia** – Gérard de Nerval
67.**I-Juca-Pirama** – Gonçalves Dias
68.**Fábulas** – Esopo
69.**Teresa Filósofa** – Anônimo do Séc. XVIII
70.**Avent. inéditas de Sherlock Holmes** – A. C. Doyle
71.**Quintana de bolso** – Mario Quintana
72.**Antes e depois** – Paul Gauguin
73.**A morte de Olivier Bécaille** – Émile Zola
74.**Iracema** – José de Alencar
75.**Iaiá Garcia** – Machado de Assis
76.**Utopia** – Tomás Morus
77.**Sonetos para amar o amor** – Camões
78.**Carmem** – Prosper Mérimée
79.**Senhora** – José de Alencar
80.**Hagar, o horrível 1** – Dik Browne
81.**O coração das trevas** – Joseph Conrad
82.**Um estudo em vermelho** – Arthur Conan Doyle
83.**Todos os sonetos** – Augusto dos Anjos
84.**A propriedade é um roubo** – P.-J. Proudhon
85.**Drácula** – Bram Stoker
86.**O marido complacente** – Sade
87.**De profundis** – Oscar Wilde
88.**Sem plumas** – Woody Allen
89.**Os bruzundangas** – Lima Barreto
90.**O cão dos Baskervilles** – Arthur Conan Doyle
91.**Paraísos artificiais** – Charles Baudelaire
92.**Cândido, ou o otimismo** – Voltaire
93.**Triste fim de Policarpo Quaresma** – Lima Barreto
94.**Amor de perdição** – Camilo Castelo Branco
95.**A megera domada** – Shakespeare / trad. Millôr
96.**O mulato** – Aluísio Azevedo
97.**O alienista** – Machado de Assis
98.**O livro dos sonhos** – Jack Kerouac
99.**Noite na taverna** – Álvares de Azevedo
100.**Aura** – Carlos Fuentes
102.**Contos gauchescos e Lendas do sul** – Simões Lopes Neto
103.**O cortiço** – Aluísio Azevedo
104.**Marília de Dirceu** – T. A. Gonzaga
105.**O Primo Basílio** – Eça de Queiroz
106.**O ateneu** – Raul Pompéia
107.**Um escândalo na Boêmia** – Arthur Conan Doyle
108.**Contos** – Machado de Assis
109.**200 Sonetos** – Luis Vaz de Camões
110.**O príncipe** – Maquiavel
111.**A escrava Isaura** – Bernardo Guimarães
112.**O solteirão nobre** – Conan Doyle
114.**Shakespeare de A a Z** – Shakespeare

115.**A relíquia** – Eça de Queiroz
117.**Livro do corpo** – Vários
118.**Lira dos 20 anos** – Álvares de Azevedo
119.**Esaú e Jacó** – Machado de Assis
120.**A barcarola** – Pablo Neruda
121.**Os conquistadores** – Júlio Verne
122.**Contos breves** – G. Apollinaire
123.**Taipi** – Herman Melville
124.**Livro dos desaforos** – org. de Sergio Faraco
125.**A mão e a luva** – Machado de Assis
126.**Doutor Miragem** – Moacyr Scliar
127.**O penitente** – Isaac B. Singer
128.**Diários da descoberta da América** – C.Colombo
129.**Édipo Rei** – Sófocles
130.**Romeu e Julieta** – Shakespeare
131.**Hollywood** – Charles Bukowski
132.**Billy the Kid** – Pat Garrett
133.**Cuca fundida** – Woody Allen
134.**O jogador** – Dostoiévski
135.**O livro da selva** – Rudyard Kipling
136.**O vale do terror** – Arthur Conan Doyle
137.**Dançar tango em Porto Alegre** – S. Faraco
138.**O gaúcho** – Carlos Reverbel
139.**A volta ao mundo em oitenta dias** – J. Verne
140.**O livro dos esnobes** – W. M. Thackeray
141.**Amor & morte em Poodle Springs** – Raymond Chandler & R. Parker
142.**As aventuras de David Balfour** – Stevenson
143.**Alice no país das maravilhas** – Lewis Carroll
144.**A ressurreição** – Machado de Assis
145.**Inimigos, uma história de amor** – I. Singer
146.**O Guarani** – José de Alencar
147.**A cidade e as serras** – Eça de Queiroz
148.**Eu e outras poesias** – Augusto dos Anjos
149.**A mulher de trinta anos** – Balzac
150.**Pomba enamorada** – Lygia F. Telles
151.**Contos fluminenses** – Machado de Assis
152.**Antes de Adão** – Jack London
153.**Intervalo amoroso** – A.Romano de Sant'Anna
154.**Memorial de Aires** – Machado de Assis
155.**Naufrágios e comentários** – Cabeza de Vaca
156.**Ubirajara** – José de Alencar
157.**Textos anarquistas** – Bakunin
158.**O pirotécnico Zacarias** – Murilo Rubião
159.**Amor de salvação** – Camilo Castelo Branco
160.**O gaúcho** – José de Alencar
161.**O livro das maravilhas** – Marco Polo
162.**Inocência** – Visconde de Taunay
163.**Helena** – Machado de Assis
164.**Uma estação de amor** – Horácio Quiroga
165.**Poesia reunida** – Martha Medeiros
166.**Memórias de Sherlock Holmes** – Conan Doyle
167.**A vida de Mozart** – Stendhal
168.**O primeiro terço** – Neal Cassady
169.**O mandarim** – Eça de Queiroz
170.**Um espinho de marfim** – Marina Colasanti
171.**A ilustre Casa de Ramires** – Eça de Queiroz
172.**Lucíola** – José de Alencar
173.**Antígona** – Sófocles – trad. Donaldo Schüler
174.**Otelo** – William Shakespeare
175.**Antologia** – Gregório de Matos
176.**A liberdade de imprensa** – Karl Marx
177.**Casa de pensão** – Aluísio Azevedo
178.**São Manuel Bueno, Mártir** – Unamuno
179.**Primaveras** – Casimiro de Abreu
180.**O noviço** – Martins Pena
181.**O sertanejo** – José de Alencar
182.**Eurico, o presbítero** – Alexandre Herculano
183.**O signo dos quatro** – Conan Doyle
184.**Sete anos no Tibet** – Heinrich Harrer
185.**Vagamundo** – Eduardo Galeano
186.**De repente acidentes** – Carl Solomon
187.**As minas de Salomão** – Rider Haggar
188.**Uivo** – Allen Ginsberg
189.**A ciclista solitária** – Conan Doyle
190.**Os seis bustos de Napoleão** – Conan Doyle
191.**Cortejo do divino** – Nelida Piñon
192.**Cassino Royale** – Ian Fleming
193.**Viva e deixe morrer** – Ian Fleming
194.**Os crimes do amor** – Marquês de Sade
195.**Besame Mucho** – Mário Prata
196.**Tuareg** – Alberto Vázquez-Figueroa
197.**O longo adeus** – Raymond Chandler
198.**Os diamantes são eternos** – Ian Fleming
199.**Notas de um velho safado** – C. Bukowski
200.**111 ais** – Dalton Trevisan
201.**O nariz** – Nicolai Gogol
202.**O capote** – Nicolai Gogol
203.**Macbeth** – William Shakespeare
204.**Heráclito** – Donaldo Schüler
205.**Você deve desistir, Osvaldo** – Cyro Martins
206.**Memórias de Garibaldi** – A. Dumas
207.**A arte da guerra** – Sun Tzu
208.**Fragmentos** – Caio Fernando Abreu
209.**Festa no castelo** – Moacyr Scliar
210.**O grande deflorador** – Dalton Trevisan
211.**Corto Maltese na Etiópia** – Hugo Pratt
212.**Homem do princípio ao fim** – Millôr Fernandes
213.**Aline e seus dois namorados** – A. Iturrusgarai
214.**A juba do leão** – Sir Arthur Conan Doyle
215.**Assassino metido a esperto** – R. Chandler
216.**Confissões de um comedor de ópio** – T.De Quincey
217.**Os sofrimentos do jovem Werther** – Goethe
218.**Fedra** – Racine / Trad. Millôr Fernandes
219.**O vampiro de Sussex** – Conan Doyle
220.**Sonho de uma noite de verão** – Shakespeare
221.**Dias e noites de amor e de guerra** – Galeano
222.**O Profeta** – Khalil Gibran
223.**Flávia, cabeça, tronco e membros** – M. Fernandes
224.**Guia da ópera** – Jeanne Suhamy
225.**Macário** – Álvares de Azevedo
226.**Etiqueta na prática** – Celia Ribeiro
227.**Manifesto do partido comunista** – Marx & Engels
228.**Poemas** – Millôr Fernandes
229.**Um inimigo do povo** – Henrik Ibsen
230.**O paraíso destruído** – Frei B. de las Casas

231.**O gato no escuro** – Josué Guimarães
232.**O mágico de Oz** – L. Frank Baum
233.**Armas no Cyrano's** – Raymond Chandler
234.**Max e os felinos** – Moacyr Scliar
235.**Nos céus de Paris** – Alcy Cheuiche
236.**Os bandoleiros** – Schiller
237.**A primeira coisa que eu botei na boca** – Deonísio da Silva
238.**As aventuras de Simbad, o marújo**
239.**O retrato de Dorian Gray** – Oscar Wilde
240.**A carteira de meu tio** – J. Manuel de Macedo
241.**A luneta mágica** – J. Manuel de Macedo
242.**A metamorfose** – Kafka
243.**A flecha de ouro** – Joseph Conrad
244.**A ilha do tesouro** – R. L. Stevenson
245.**Marx - Vida & Obra** – José A. Giannotti
246.**Gênesis**
247.**Unidos para sempre** – Ruth Rendell
248.**A arte de amar** – Ovídio
249.**O sono eterno** – Raymond Chandler
250.**Novas receitas do Anonymus Gourmet** – J.A.P.M.
251.**A nova catacumba** – Arthur Conan Doyle
252.**O dr. Negro** – Arthur Conan Doyle
253.**Os voluntários** – Moacyr Scliar
254.**A bela adormecida** – Irmãos Grimm
255.**O príncipe sapo** – Irmãos Grimm
256.**Confissões** *e* **Memórias** – H. Heine
257.**Viva o Alegrete** – Sergio Faraco
258.**Vou estar esperando** – R. Chandler
259.**A senhora Beate e seu filho** – Schnitzler
260.**O ovo apunhalado** – Caio Fernando Abreu
261.**O ciclo das águas** – Moacyr Scliar
262.**Millôr Definitivo** – Millôr Fernandes
264.**Viagem ao centro da Terra** – Júlio Verne
265.**A dama do lago** – Raymond Chandler
266.**Caninos brancos** – Jack London
267.**O médico e o monstro** – R. L. Stevenson
268.**A tempestade** – William Shakespeare
269.**Assassinatos na rua Morgue** – E. Allan Poe
270.**99 corruíras nanicas** – Dalton Trevisan
271.**Broquéis** – Cruz e Sousa
272.**Mês de cães danados** – Moacyr Scliar
273.**Anarquistas – vol. 1 – A idéia** – G. Woodcock
274.**Anarquistas – vol. 2 – O movimento** – G. Woodcock
275.**Pai e filho, filho e pai** – Moacyr Scliar
276.**As aventuras de Tom Sawyer** – Mark Twain
277.**Muito barulho por nada** – W. Shakespeare
278.**Elogio à loucura** – Erasmo
279.**Autobiografia de Alice B. Toklas** – G. Stein
280.**O chamado da floresta** – J. London
281.**Uma agulha para o diabo** – Ruth Rendell
282.**Verdes vales do fim do mundo** – A. Bivar
283.**Ovelhas negras** – Caio Fernando Abreu
284.**O fantasma de Canterville** – O. Wilde
285.**Receitas de Yayá Ribeiro** – Celia Ribeiro
286.**A galinha degolada** – H. Quiroga
287.**O último adeus de Sherlock Holmes** – A. Conan Doyle
288.**A. Gourmet** *em* **Histórias de cama & mesa** – J. A. Pinheiro Machado
289.**Topless** – Martha Medeiros
290.**Mais receitas do Anonymus Gourmet** – J. A. Pinheiro Machado
291.**Origens do discurso democrático** – D. Schüler
292.**Humor politicamente incorreto** – Nani
293.**O teatro do bem e do mal** – E. Galeano
294.**Garibaldi & Manoela** – J. Guimarães
295.**10 dias que abalaram o mundo** – John Reed
296.**Numa fria** – Charles Bukowski
297.**Poesia de Florbela Espanca** vol. 1
298.**Poesia de Florbela Espanca** vol. 2
299.**Escreva certo** – É. Oliveira e M. E. Bernd
300.**O vermelho e o negro** – Stendhal
301.**Ecce homo** – Friedrich Nietzsche
302(7).**Comer bem, sem culpa** – Dr. Fernando Lucchese, A. Gourmet e Iotti
303.**O livro de Cesário Verde** – Cesário Verde
304.**O reino das cebolas** – C. Moscovich
305.**100 receitas de macarrão** – S. Lancellotti
306.**160 receitas de molhos** – S. Lancellotti
307.**100 receitas light** – H. e Â. Tonetto
308.**100 receitas de sobremesas** – Celia Ribeiro
309.**Mais de 100 dicas de churrasco** – Leon Diziekaniak
310.**100 receitas de acompanhamentos** – C. Cabeda
311.**Honra ou vendetta** – S. Lancellotti
312.**A alma do homem sob o socialismo** – Oscar Wilde
313.**Tudo sobre Yôga** – Mestre De Rose
314.**Os varões assinalados** – Tabajara Ruas
315.**Édipo em Colono** – Sófocles
316.**Lisístrata** – Aristófanes / trad. Millôr
317.**Sonhos de Bunker Hill** – John Fante
318.**Os deuses de Raquel** – Moacyr Scliar
319.**O colosso de Marússia** – Henry Miller
320.**As eruditas** – Molière / trad. Millôr
321.**Radicci 1** – Iotti
322.**Os Sete contra Tebas** – Ésquilo
323.**Brasil Terra à vista** – Eduardo Bueno
324.**Radicci 2** – Iotti
325.**Júlio César** – William Shakespeare
326.**A carta de Pero Vaz de Caminha**
327.**Cozinha Clássica** – Sílvio Lancellotti
328.**Madame Bovary** – Gustave Flaubert
329.**Dicionário do viajante insólito** – M. Scliar
330.**O capitão saiu para o almoço...** – Bukowski
331.**A carta roubada** – Edgar Allan Poe
332.**É tarde para saber** – Josué Guimarães
333.**O livro de bolso da Astrologia** – Maggy Harrisonx e Mellina Li
334.**1933 foi um ano ruim** – John Fante
335.**100 receitas de arroz** – Aninha Comas
336.**Guia prático do Português correto – vol. 1** – Cláudio Moreno
337.**Bartleby, o escriturário** – H. Melville
338.**Enterrem meu coração na curva do rio** – Dee Brown

339.**Um conto de Natal** – Charles Dickens
340.**Cozinha sem segredos** – J. A. P. Machado
341.**A dama das Camélias** – A. Dumas Filho
342.**Alimentação saudável** – H. e Â. Tonetto
343.**Continhos galantes** – Dalton Trevisan
344.**A Divina Comédia** – Dante Alighieri
345.**A Dupla Sertanojo** – Santiago
346.**Cavalos do amanhecer** – Mario Arregui
347.**Biografia de Vincent van Gogh por sua cunhada** – Jo van Gogh-Bonger
348.**Radicci 3** – Iotti
349.**Nada de novo no front** – E. M. Remarque
350.**A hora dos assassinos** – Henry Miller
351.**Flush - Memórias de um cão** – Virginia Woolf
352.**A guerra no Bom Fim** – M. Scliar
353(1).**O caso Saint-Fiacre** – Simenon
354(2).**Morte na alta sociedade** – Simenon
355(3).**O cão amarelo** – Simenon
356(4).**Maigret e o homem do banco** – Simenon
357.**As uvas e o vento** – Pablo Neruda
358.**On the road** – Jack Kerouac
359.**O coração amarelo** – Pablo Neruda
360.**Livro das perguntas** – Pablo Neruda
361.**Noite de Reis** – William Shakespeare
362.**Manual de Ecologia** – vol.1 – J. Lutzenberger
363.**O mais longo dos dias** – Cornelius Ryan
364.**Foi bom prá você?** – Nani
365.**Crepusculário** – Pablo Neruda
366.**A comédia dos erros** – Shakespeare
367(5).**A primeira investigação de Maigret** – Simenon
368(6).**As férias de Maigret** – Simenon
369.**Mate-me por favor (vol.1)** – L. McNeil
370.**Mate-me por favor (vol.2)** – L. McNeil
371.**Carta ao pai** – Kafka
372.**Os vagabundos iluminados** – J. Kerouac
373(7).**O enforcado** – Simenon
374(8).**A fúria de Maigret** – Simenon
375.**Vargas, uma biografia política** – H. Silva
376.**Poesia reunida (vol.1)** – A. R. de Sant'Anna
377.**Poesia reunida (vol.2)** – A. R. de Sant'Anna
378.**Alice no país do espelho** – Lewis Carroll
379.**Residência na Terra 1** – Pablo Neruda
380.**Residência na Terra 2** – Pablo Neruda
381.**Terceira Residência** – Pablo Neruda
382.**O delírio amoroso** – Bocage
383.**Futebol ao sol e à sombra** – E. Galeano
384(9).**O porto das brumas** – Simenon
385(10).**Maigret e seu morto** – Simenon
386.**Radicci 4** – Iotti
387.**Boas maneiras & sucesso nos negócios** – Celia Ribeiro
388.**Uma história Farroupilha** – M. Scliar
389.**Na mesa ninguém envelhece** – J. A. P. Machado
390.**200 receitas inéditas do Anonymus Gourmet** – J. A. Pinheiro Machado
391.**Guia prático do Português correto – vol.2** – Cláudio Moreno
392.**Breviário das terras do Brasil** – Luis A. de Assis Brasil
393.**Cantos Cerimoniais** – Pablo Neruda
394.**Jardim de Inverno** – Pablo Neruda
395.**Antonio e Cleópatra** – William Shakespeare
396.**Tróia** – Cláudio Moreno
397.**Meu tio matou um cara** – Jorge Furtado
398.**O anatomista** – Federico Andahazi
399.**As viagens de Gulliver** – Jonathan Swift
400.**Dom Quixote – v.1** – Miguel de Cervantes
401.**Dom Quixote – v.2** – Miguel de Cervantes
402.**Sozinho no Pólo Norte** – Thomaz Brandolin
403.**Matadouro Cinco** – Kurt Vonnegut
404.**Delta de Vênus** – Anaïs Nin
405.**O melhor de Hagar 2** – Dik Browne
406.**É grave Doutor?** – Nani
407.**Orai pornô** – Nani
408(11).**Maigret em Nova York** – Simenon
409(12).**O assassino sem rosto** – Simenon
410(13).**O mistério das jóias roubadas** – Simenon
411.**A irmãzinha** – Raymond Chandler
412.**Três contos** – Gustave Flaubert
413.**De ratos e homens** – John Steinbeck
414.**Lazarilho de Tormes** – Anônimo do séc. XVI
415.**Triângulo das águas** – Caio Fernando Abreu
416.**100 receitas de carnes** – Sílvio Lancellotti
417.**Histórias de robôs: vol.1** – org. Isaac Asimov
418.**Histórias de robôs: vol.2** – org. Isaac Asimov
419.**Histórias de robôs: vol.3** – org. Isaac Asimov
420.**O país dos centauros** – Tabajara Ruas
421.**A república de Anita** – Tabajara Ruas
422.**A carga dos lanceiros** – Tabajara Ruas
423.**Um amigo de Kafka** – Isaac Singer
424.**As alegres matronas de Windsor** – Shakespeare
425.**Amor e exílio** – Isaac Bashevis Singer
426.**Use & abuse do seu signo** – Marília Fiorillo e Marylou Simonsen
427.**Pigmaleão** – Bernard Shaw
428.**As fenícias** – Eurípides
429.**Everest** – Thomaz Brandolin
430.**A arte de furtar** – Anônimo do séc. XVI
431.**Billy Bud** – Herman Melville
432.**A rosa separada** – Pablo Neruda
433.**Elegia** – Pablo Neruda
434.**A garota de Cassidy** – David Goodis
435.**Como fazer a guerra: máximas de Napoleão** – Balzac
436.**Poemas de Emily Dickinson**
437.**Gracias por el fuego** – Mario Benedetti
438.**O sofá** – Crébillon Fils
439.**O "Martín Fierro"** – Jorge Luis Borges
440.**Trabalhos de amor perdidos** – W. Shakespeare
441.**O melhor de Hagar 3** – Dik Browne
442.**Os Maias (volume1)** – Eça de Queiroz
443.**Os Maias (volume2)** – Eça de Queiroz
444.**Anti-Justine** – Restif de La Bretonne
445.**Juventude** – Joseph Conrad
446.**Singularidades de uma rapariga loura** – Eça de Queiroz
447.**Janela para a morte** – Raymond Chandler
448.**Um amor de Swann** – Marcel Proust
449.**À paz perpétua** – Immanuel Kant
450.**A conquista do México** – Hernan Cortez
451.**Defeitos escolhidos e 2000** – Pablo Neruda
452.**O casamento do céu e do inferno** – William Blake

453.**A primeira viagem ao redor do mundo** – Antonio Pigafetta
454(14).**Uma sombra na janela** – Simenon
455(15).**A noite da encruzilhada** – Simenon
456(16).**A velha senhora** – Simenon
457.**Sartre** – Annie Cohen-Solal
458.**Discurso do método** – René Descartes
459.**Garfield em grande forma** – Jim Davis
460.**Garfield está de dieta** – Jim Davis
461.**O livro das feras** – Patricia Highsmith
462.**Viajante solitário** – Jack Kerouac
463.**Auto da barca do inferno** – Gil Vicente
464.**O livro vermelho dos pensamentos de Millôr** – Millôr Fernandes
465.**O livro dos abraços** – Eduardo Galeano
466.**Voltaremos!** – José Antonio Pinheiro Machado
467.**Rango** – Edgar Vasques
468(8).**Dieta mediterrânea** – Dr. Fernando Lucchese e José Antonio Pinheiro Machado
469.**Radicci 5** – Iotti
470.**Pequenos pássaros** – Anaïs Nin
471.**Guia prático do Português correto – vol.3** – Cláudio Moreno
472.**Atire no pianista** – David Goodis
473.**Antologia Poética** – García Lorca
474.**Alexandre e César** – Plutarco
475.**Uma espiã na casa do amor** – Anaïs Nin
476.**A gorda do Tiki Bar** – Dalton Trevisan
477.**Garfield um gato de peso** – Jim Davis
478.**Canibais** – David Coimbra
479.**A arte de escrever** – Arthur Schopenhauer
480.**Pinóquio** – Carlo Collodi
481.**Misto-quente** – Charles Bukowski
482.**A lua na sarjeta** – David Goodis
483.**Recruta Zero** – Mort Walker
484.**Aline 2: TPM – tensão pré-monstrual** – Adão Iturrusgarai
485.**Sermões do Padre Antonio Vieira**
486.**Garfield numa boa** – Jim Davis
487.**Mensagem** – Fernando Pessoa
488.**Vendeta** *seguido de* **A paz conjugal** – Balzac
489.**Poemas de Alberto Caeiro** – Fernando Pessoa
490.**Ferragus** – Honoré de Balzac
491.**A duquesa de Langeais** – Honoré de Balzac
492.**A menina dos olhos de ouro** – Honoré de Balzac
493.**O lírio do vale** – Honoré de Balzac
494(17).**A barcaça da morte** – Simenon
495(18).**As testemunhas rebeldes** – Simenon
496(19).**Um engano de Maigret** – Simenon
497(1).**A noite das bruxas** – Agatha Christie
498(2).**Um passe de mágica** – Agatha Christie
499(3).**Nêmesis** – Agatha Christie
500.**Esboço de uma teoria das emoções** – Jean-Paul Sartre
501.**Renda básica de cidadania** – Eduardo Suplicy
502(1).**Pílulas para viver melhor** – Dr. Lucchese
503(2).**Pílulas para prolongar a juventude** – Dr. Lucchese
504(3).**Desembarcando o Diabetes** – Dr. Lucchese
505(4).**Desembarcando o Sedentarismo** – Dr. Fernando Lucchese e Cláudio Castro
506(5).**Desembarcando a Hipertensão** – Dr. Lucchese
507(6).**Desembarcando o Colesterol** – Dr. Fernando Lucchese e Fernanda Lucchese
508.**Estudos de mulher** – Balzac
509.**O terceiro tira** – Flann O'Brien
510.**100 receitas de aves e ovos** – José Antonio Pinheiro Machado
511.**Garfield em toneladas de diversão** – Jim Davis
512.**Trem-bala** – Martha Medeiros
513.**Os cães ladram** – Truman Capote
514.**O Kama Sutra de Vatsyayana**
515.**O crime do Padre Amaro** – Eça de Queiroz
516.**Odes de Ricardo Reis** – Fernando Pessoa
517.**O inverno da nossa desesperança** – John Steinbeck
518.**Piratas do Tietê** 1 – Laerte
519.**Rê Bordosa: do começo ao fim** – Angeli
520.**O Harlem é escuro** – Chester Himes
521.**Café-da-manhã dos campeões** – Kurt Vonnegut
522.**Eugénie Grandet** – Balzac
523.**O último magnata** – F. Scott Fitzgerald
524.**Carol** – Patricia Highsmith
525.**100 receitas de patisseria** – Sílvio Lancellotti
526.**O fator humano** – Graham Greene
527.**Tristessa** – Jack Kerouac
528.**O diamante do tamanho do Ritz** – S. Fitzgerald
529.**As melhores histórias de Sherlock Holmes** – Arthur Conan Doyle
530.**Cartas a um jovem poeta** – Rilke
531(20).**Memórias de Maigret** – Simenon
532(4).**O misterioso sr. Quin** – Agatha Christie
533.**Os analectos** – Confúcio
534(21).**Maigret e os homens de bem** – Simenon
535(22).**O medo de Maigret** – Simenon
536.**Ascensão e queda de César Birotteau** – Balzac
537.**Sexta-feira negra** – David Goodis
538.**Ora bolas – O humor cotidiano de Mario Quintana** – Juarez Fonseca
539.**Longe daqui aqui mesmo** – Antonio Bivar
540(5).**É fácil matar** – Agatha Christie
541.**O pai Goriot** – Balzac
542.**Brasil, um país do futuro** – Stefan Zweig
543.**O processo** – Kafka
544.**O melhor de Hagar 4** – Dik Browne
545(6).**Por que não pediram a Evans?** – Agatha Christie
546.**Fanny Hill** – John Cleland
547.**O gato por dentro** – William S. Burroughs
548.**Sobre a brevidade da vida** – Sêneca
549.**Geraldão 1** – Glauco
550.**Piratas do Tietê 2** – Laerte
551.**Pagando o pato** – Ciça
552.**Garfield de bom humor** – Jim Davis
553.**Conhece o Mário?** – Santiago
554.**Radicci 6** – Iotti
555.**Os subterrâneos** – Jack Kerouac
556.**Balzac** – François Taillandier
557.**Modigliani** – Christian Parisot
558.**Kafka** – Gérard-Georges Lemaire
559.**Júlio César** – Joël Schmidt
560.**Receitas da família** –J. A. Pinheiro Machado
561.**Boas maneiras à mesa** – Celia Ribeiro
562(9).**Filhos sadios, pais felizes** – R. Pagnoncelli
563(10).**Fatos & mitos** – Dr. Fernando Lucchese
564.**Ménage à trois** – Paula Taitelbaum

GRÁFICA EDITORA
Pallotti
IMAGEM DE QUALIDADE
Santa Maria - RS - Fone/Fax: (55) 3220.4500
www.pallotti.com.br